Danzas de sombras

Primera edición, junio de 2024

El jurado compuesto por Andreu Jaume Enseñat, Juan Luis Calbarro
Morales y Enrique Juncosa Cirer, reunidos el 12 de enero de 2024,
decidió dar a este libro, *Danzas de sombras*, de Jesús Aguilar Marina, el
Premio Ciudad de Palma Rubén Darío de Poesía 2023, cuya entrega se
llevó a efecto el 20 de enero, festividad de San Sebastián,
patrón de Palma de Mallorca.

El Desvelo Ediciones
C/ Floranes, 51-1ºT
39010-Santander
CANTABRIA

www.eldesvelo.es
info@eldesvelo.es
@eldesvelo

ISBN: 978—84—128690—5—7
Depósito Legal: SA 230—2024
Impreso en España—Printed in Spain

Danzas de sombras

Jesús Aguilar Marina

PREMIO RUBÉN DARÍO
CIUDAD DE PALMA 2023

A cada uno, al nacer, la naturaleza le dio su vicio;
a mí la fortuna me brindó estar enamorado.

PROPERCIO. *Elegías.*

A Mabel

A mis hijos y nietos, futuro y esperanza

I. EL AGUA BAJO LAS ESTRELLAS

Era desgraciado cuando la primavera sucedió al invierno. Ahora es ya el otoño y estoy aún más triste.

HIONG TSE CHA, S. XIV

Si las blancas olas del mar fueran flores, todas las cogería para dártelas.

MAN-YO-SHU, S. VIII. *Versus.*

LOS reinos de la noche, los despoblados ámbitos,
las oscuras fronteras que tocan con el cielo
el interior del bosque, ponen fuego en los ojos
de ancestrales destellos.
                                    En la lúgubre cueva
que el frío viento bate, un tronco entero de olmo
crepita entre las sombras. Libres de todo yugo,
indolentes y ásperos, gañen adormecidos.

Al fondo de la gruta, entre la atroz tiniebla,
un perfil de astas grises realza sus ramales
sobre entrañas sangrientas.
                                    Aún palpita la carne
de los tímidos ciervos, mientras sigue la luna
la pálida influencia de su luz y su curso.

[Ab initio]

SOBRE estos cuerpos fríos
que el transcurso del tiempo
habría de mudar en huellas sin memoria,
prenderemos el fuego rutilante
con la piedra del rayo. Se cumplirán los cultos
que requieren los muertos y, sobre sus despojos,
postreras sonarán las voces de la vida.
Después, bajo roncas trompetas,
oscura y solitaria, la mortuoria cámara
será sellada por el rey-sacerdote.

Así ocurren las cosas desde los viejos días,
y a la luz de las llamas no sabremos
si el corrompido aliento de los restos
calcinados llegará a reunirse
con los dioses distantes que gobiernan
los astros desde ocultos territorios;
si han de cruzar los silenciosos
robledales con guirnalda de anconias
o si ha de abrir su urna funeraria
el grito áspero del cacalote.

                                                        [Rito]

PORQUE de ti ahuyentas las falanges
sombrías de la envidia; porque amas
a tu esposa y a tus hijos, das pan al hambriento
y agua al que tiene sed; porque vives en paz
con tus semejantes... eres sabio. Y también
por honrar a los muertos y cavar una fosa
para el cuerpo del hombre sin familia;
por vestir al desnudo y cuidar de tu casa
y de tu alma... Pero esa conciencia
de poco ha de servirte si, ecuánime y luciente,
les divulgas que, al fin, se apagarán las luces
y no vendrá el milagro. Porque los hombres somos
despojos de un naufragio, fantasmas que no pueden
salir del laberinto, un ubicuo
misterio dimanante coronado de sombras,
guerreros malheridos que recorren
el destemplado amanecer de los desiertos.

[La sabiduría del egipcio Kahundeteþ]

MUCHOS lazos, Señor, nos pones en la senda,
muchas maquinaciones y ardides utilizas
con nosotros, y quieres que con nuestra miseria
las salvemos. Tú todo lo ves, todo lo sabes,
sin tu augusto poder nada acaece;
¿cómo, pues, nos ignoras y nos culpas
de las tristes flaquezas con que nos has vestido?
¿Censurarás, acaso, mi leal rebeldía,
esta hiriente certeza de que detrás del velo
de la muerte no existen paraísos,
que el más allá me espera con terca oscuridad?
Aunque engañosas voces auguren lo contrario,
no habrá nobles ofrendas ni ademanes felices
en esa luz sin brillo, en esa extensa noche.
Sólo un poder errante, sin nombre y sin memoria,
gravitará sobre el misterio inescrutable:
nieblas, limbos confusos, soledad y penuria,
fantasías heladas y polvo funerario.

[En el templo de Enlil]

HE aprendido las formas ocultas de la magia,
sus ofrendas rituales, y estoy en el secreto
de las fuerzas oscuras que, amparadas
en el mundo invisible de las sombras,
se burlan de los vivos. Con unos se complacen
prestándoles coronas de poder
o riqueza, haciéndoles felices
con sueños cenagosos, pero a otros
—humanos despojados de esperanza—
los honran con influjos infernales
y así pueblan el orbe de estantiguas
con los ojos vacíos. Espíritus que sufren
la insondable existencia amargamente
porque anhelan linajes de nobleza
y a favor de los cuales nada pueden.
Un cortejo de ensalmos indecibles
o de dioses celestes que yo ignoro,
planea sobre ellos con su fuerza divina,
con su nefanda potestad profunda,
infundiendo en su alma una sabiduría
pudorosa, un modo de certeza,
mas también la zozobra y el abismo.

[Adveración de un mago egipcio, 2000 a.C.]

UN tropel de guerreros avanza amenazante
contra las siete puertas de la ciudad de Cadmo.
Caballos sudorosos y estruendosas carretas
levantan con su embate una nube de polvo,
mudo heraldo que envuelve las murallas.
El fragor de la tierra batida, los acordes
funerarios y los gemidos lúgubres
se mezclan con el humo y el pertinaz estrépito
del bronce. Bajo el aliento de Ares,
escudos golpeados y heridos cuerpos ruedan
revueltos en sangrienta confusión.

El asedio se alarga, muere el día.
Purpúreos penachos y armaduras fulgentes
custodian las murallas en la noche.
Brillan a trechos las hogueras e iluminan
sombrías máquinas de guerra.
Sobre la hierba yacen fatigados
los anónimos bultos entregados al sueño.
Voces veladas y lamentos desvanecen
el temor y el hastío de la guardia,
todas las sombras en quienes la muerte
ha grabado sus signos de ceniza.

[Los siete contra Tebas]

ESA joven de frágil apariencia
que recibe desnuda
la generosa luz de la mañana,
con su gracia ha herido mis ojos.
Oculto en los juncales veo sus pies menudos
jugando con las ondas vacilantes del río,
cómo sus manos buscan las estrellas de piedra
que la corriente purifica.
Mientras pasea, leve y silenciosa,
por la arena con sol de la ribera,
¿no ha de soplar el viento
para que al alba llegue su perfume a mis labios?
¿No he de sentir las flores de su talle
y el esplendor de sus caderas,
ni he de apagar la lumbre
que la copa redonda de su vientre
ha encendido en mi alma?
¿Será mi amor igual que el árbol
sin hojas del otoño
o la nube fugaz que el huracán arrastra?

[Ensubur y Nina, Súmer]

QUEMADAS las ciudades, arrasados los templos,
la maldición de Dios cayó sobre nosotros.
Invasores oscuros agitaron a un reino
seguro del mañana, y el generoso valle,
abundante en belleza, fue un cúmulo de ruinas.
Todos, igual que el hombre ebrio
que se despierta en medio de sus propios
destrozos, lamentamos nuestros graves errores,
mas, al cabo, los yerros no sirvieron de nada,
pues pasado el peligro concertamos
culpar al infortunio del desastre
y olvidar nuestras culpas. No aprendimos
que cada hora de vida lleva en sí
su valor de milagro, que la suerte de un pueblo,
lejos de consistir en los torpes propósitos
de un bienestar vacío, había que buscarla
allí donde redoblan las palabras prudentes
y en los hondos dominios de ultratumba,
en la eterna riqueza que nos dispensa Osiris.

[Después de la invasión de los hicsos]

DESCANSANDO en sillón de madera dorada,
la mano delicada en la mejilla,
suspira por el tenue y añorante cantar.
En sus ojos, ahogados de tristeza,
se enciende la danza voluptuosa del amor
a los tibios acordes de la música.
Una lágrima oculta humedece su rostro
y su alma musita suaves quejas
por el destino adverso, por el rigor impío
de los dioses.

       ¿Por qué —dice la niña,
dirigiendo a su arpista una mirada lánguida—
muestras mi corazón con tus canciones?
¿Cómo sabes mis penas? ¿Por ventura
el vasto cielo azul te cuenta mis secretos
y te inspira esos himnos misteriosos?
¿Qué armonía conjura a los poetas
con las fuerzas ocultas?

       Acaricia las cuerdas
de otro modo y entóname otros versos,
que mi alma lastimada, al menos,
no se afane en cruzar por los aires sagrados
de la melancolía, llorando sus pesares
a través de la música.

[Palacio real de Tebas]

TRUENA el cielo. Unas sombras nocturnas
se mueven por la playa que bate la tormenta.
Las encumbradas olas dispersan en la noche
el cambiante esplendor de unas gotas de argento,
la multitud oscura de una luz penosa.
Consciente de su fuerza, el poderoso océano
obstina su vigor contra los riscos. Las horas,
neutrales e ilegibles, dejan su soplo frío
en las formas desnudas que se afanan
con un pecho yacente, con un volumen pálido
al que hirieron los golpes cortesanos
que descargan la codicia y la envidia.

Con un presto navío ofrecido a los dedos
de la muerte, las sombras se aventuran
en las revueltas aguas y, en el arcano seno,
infames precipitan el helado cadáver,
el bulto indeseable, ya un despojo
en penumbra, preso de eternidad.

[Polimnéstor arroja al mar el cadáver de Polidoro]

SIGILOSO, amparado en la penumbra,
un cortejo de fúnebres guerreros,
pisando las cenizas de hogueras apagadas,
invade la ciudad que el vino y la fatiga
sepultaron. La dulce luz del alba
mostrará fríos pechos pasados a cuchillo.
Sangre y polvo encubriendo los asombrados rostros
de confiados enemigos.

[Caballo de Troya]

EN amor se consume. Recorre, al son de himnos,
los altares sangrientos implorando
a los dioses. Como una cierva herida
que en el costado lleva flecha amarga de Eros,
observa día a día los vanos sacrificios
e indecisa consulta las estuosas
entrañas de las víctimas.
Vaga errante por la playa desierta
mirando el sol postrero, sus moribundos rayos
contra el mudo horizonte, y en su triste locura
cree ver al anhelado amante en la distancia
y oír promesas dulces de sus labios ausentes.

[Dido, tras la huida de Eneas]

EL dios del cielo ha dado la belleza
como bálsamo para el cansado corazón.
Con sus ojos velamos los sólidos canales
que rebosan de agua renovada
y pujantes inundan nuestros campos.
Esa agua que fluye y en sus rumores trae
un sonido de vida, es nuestro yo profundo.
Ella hace de Egipto un vientre fructuoso,
un jardín en las noches calurosas y sin lluvia,
a quien el dios omnipotente ampara.
Y, así, en las apoteosis de los templos
volvemos la mirada hacia el mutismo estelar,
en reconocimiento a su benevolencia.
Como un lirio, esa belleza fértil
que agradecidos respiramos,
es sorpresa incesante y luminosa
bajo la libre bóveda del mundo,
y a su culto, de certidumbre y dicha apacibles,
honramos día a día como débiles
contornos, destinados a meditar qué existe
tras el frágil presente.

[A la luz de los candiles]

DEJA a los fríos dioses la venganza
y acerca tu agitado corazón
a la virtud del justo. Así, cuando
el silencio de las reptantes criaturas
llegue a tu alma desde tristes regiones,
que una gran luz de eternidad alumbre
esa larga cadena de sótanos y furia
que los hombres arrastran,
y entre el quejido de los moribundos muestre
cómo un puñado de polvo despreciable
es ahora recta y noble ceniza.

[Psametik, sacerdote egipcio, s. XII a. C.]

AUNQUE mi pobre vida se dilate
como el profundo Egeo de lejanas orillas,
no olvidarán mis ojos el suplicio
de un pueblo floreciente. Las altas construcciones
de los reyes aqueos, los egregios palacios,
ahora son amplias ruinas que yacen en el polvo,
mientras la negra sangre y los raudos incendios
sumen en la barbarie a la encumbrada Grecia.
Antorchas funerales alumbran en la noche
caras mudas, golpean en el barro
las cenicientas hojas de los árboles
y en las llamas crepitan cadáveres ignotos.
No vivirán los siglos venideros
desastres tan crueles, crímenes tan sañudos.
Hostiles invasores albergan en sus pechos
la discordia, alientan rencorosos
un fatal apetito de hierros y matanzas,
y a sus espaldas dejan escenas luctuosas,
multitudes sangrantes, vacíos y tinieblas.

[Un dignatario argivo se lamenta durante la invasión dórica]

REMANSADO, suena el Éufrates
con ecos orientales.
Sobre el rumor de sus orillas,
jardines colgantes suntuosos,
flores persas y árboles de incienso.
La púrpura de Tiro, el marfil
de la India, los encajes de Sardes
y la madera olorosa del Líbano,
se mezclan por las lonjas y los santuarios.
Sepultada en el oro y la seda,
regida por las joyas, el lujo y los tapices,
Babilonia, la gentil de palacios
y templos que ligeros se alzan bajo el sol,
respira envuelta en los aromas árabes.

Un voluptuoso resplandor de incendios
y un brillante fulgor de puñales purpúreos,
acentúa el dorado horizonte entre palmeras.

[s. IX a. C.]

POR una fría cólera movido,
obstinado y cruel, clavé la lanza
a aquel león solemne y turbulento.
Mi noble condición de invencible monarca,
dominador supremo que tan sólo se inclina
ante el poder terrible de Assur, señor de dioses,
sufrió por un instante la sorpresa
de no infundir pavor a un enemigo
que revolvió furioso su jadeante ímpetu
contra la ineficacia de mi encono.
Sublime en el linaje y la jactancia,
garras más poderosas
que aquellas rutilantes de la fiera,
quebrantaron mi magna vanidad:
mis intrigantes cortesanos fueron
maliciosos testigos de una real torpeza.
El félido, de corazón valiente,
cuyo sudor fulgía bajo el sol del desierto,
se resistió a la muerte agonizando
con virtuoso orgullo.
Sentí en lo más hondo un secreto entusiasmo
frente al doliente empuje de mi víctima,
al par que descubría que el inquietante hechizo
de mi gloria —esos esclavos miserables
y esos rimeros de despojos que adornan
los pueblos saqueados por mis tropas—

aún no subyuga y paraliza a todos
los seres de este mundo.

[Partida de caza de Salmanasar III]

CAMINANDO hacia Egina, en un cruce
de caminos más allá de los bosques
moesios, a la media luz de la luna,
apareció ante mí la reina de la noche,
Hécate teúrgica y celeste, rodeada
de un cortejo de aciagos servidores,
despojos insepultos que han sufrido
una muerte precoz o violenta
sin el consuelo de las honras fúnebres.
Errantes, sin descanso, por las sendas
mortuorias, entre aullidos de perros
infernales, se pierden con su aire
macabro, alentando la mísera esperanza
de que una fuerza oculta o un trasluz sagrado
los libere del denso maleficio.
Ejército que yace en altares de ánimas
y alarga fulminante, desde su obitorio,
unas manos crispadas al viajero
que, trémulo, aventura sus pasos solitarios
por los turbios confines espectrales.

[Melanipo, exorcista griego, relata a Hesíodo su visión de las sombras]

LLEGARÁN otras épocas y a las generaciones
del mañana, parecerán estériles
los cultos que ofrendamos a las divinidades.
De nada habrá servido el ánimo piadoso:
los caudillos dejarán esta tierra
que fue cuna de doctrinas sagradas,
y hombres nuevos, tras asolar los pórticos
venerables y dictar leyes crueles,
sembrarán de cadáveres las sendas.
Ya nadie amparará las criptas donde duermen
nuestros antepasados, porque los invasores,
en su reinado de penumbra,
harán brotar la peste y la rapiña.
Lloraremos, entonces, las costumbres
sencillas del ayer y los usos devotos,
y de la fe apacible y laboriosa
tan sólo confusión subsistirá: sepulturas
y efigies profanadas, trazos
de unos tiempos gloriosos grabados en las piedras,
cuyo secreto ultrajará el olvido
de una posteridad ingrata y descreída.

[La predicción de los profetas]

HAS de saber, persa, que no es de villano
mi conducta. Si nunca he huido de los dioses,
menos habré de hacerlo de hombre nacido
porque lo temiese. No tenemos ciudades ni campos
cultivados que nos empujen a una abierta batalla,
tan sólo los sagrados sepulcros de nuestros padres
pueden clamar la sangre. Allí, ¡oh, Darío!,
si tienes la sagacidad de descubrirlos y la torpe
osadía de violarlos, conocerás por experiencia
nuestro empuje. Mientras tanto, conservaremos
el valor en nuestros pechos, listos
a revolvernos contra las injurias
de quien se dice nuestro soberano. De Zeus
procedemos y Vesta es nuestra reina. A ellos sólo
servimos.

  Regresa, en mala hora, con tus tropas
y muestra esa arrogancia con tu pueblo,
si él lo consiente.

[Correo de Idantirso, rey de los escitas]

33

LA muchedumbre, excitada y ciega,
siempre aburrida y siempre sin saberlo,
frívola en su impiedad y cubierta de ruidos,
y una vez más solicitada por la sangre,
recorre tumultuosa las calles con antorchas
y se encuentra con Cinna.
Clava en la punta de una pica su cabeza
y la pasea, impune, por el Foro,
sin mirar si fue Helvio o fue Cornelio
el tribuno que clamara contra César
en encendida arenga.
Y allí, durante albas y crepúsculos,
la deja corromperse con su gesto de asombro,
como ejemplo de una sed insensata
—desatino cruel de turbamulta—
ajena a la razón y a la armonía.

[*Roma tras la muerte de César: marzo del 44 a. C.*]

UNA de aquellas noches
en que vestida te sentabas
al borde de mi lecho, y con taimados labios
me hacías padecer, te dije que mis versos
harían memorable tu nombre. A pesar
de las chanzas de aquellos que se compadecían
por mi voluntaria esclavitud a tu persona,
durante cinco largos años te fui fiel
y me herí con las espinas del amor. Nadie
pudo atizar tanto la hoguera de su duelo
como este corazón mío de pájaro
cuando cantaba en el nocturno umbral.
Mas hoy, que escandalizas y aceptas agasajos
inflada de soberbia por mis castos elogios,
me arrepiento de que seas nombrada
entre las bellas inmortales. Ya no creo
en el disimulo de tu llanto, las engañosas
lágrimas que antaño tanto me conmovieron,
y a mis espaldas dejo las palabras
fervorosas que contigo agoté,
los pórticos de mármol que escucharon mis súplicas,
quejas sinceras que humillabas y que, anhelante,
tal vez repitas tú ante otros labios mudos
y otros ojos mordaces que contemplan
cómo nacen arrugas en tu rostro.
Puede, entonces, que envuelta en el dolor

de la perdida juventud, recuerdes mi constancia
y aprecies cómo el tiempo, que todo lo transforma,
ha borrado la pena que en mi alma sembraron
la luz de tus pestañas y las jóvenes
rosas de tus mejillas. Fui un siervo
de la llama que Venus inclemente
me prodigó, pero ahora los dioses piadosos
han llevado mis naves hasta plácidas aguas,
lejos ya de ese fuego en que me consumía,
y puedo contemplarte en la realidad de lo que eres.

Triste es, sin embargo, que fallezca
un amor como el mío, que en su loco arrebato
me llevó de los astros a las sombras del Hades.
Mas caprichos, mudanzas y desdenes
iban entrando en mí cual viento frío
y acabaron sanando las abiertas heridas.
Ya no soy el incauto gorrión prisionero
en la cárcel de tu frivolidad,
y tan sólo deseo permanecer prudente
en asuntos de Amor, navegar apartado
de sus aguas montuosas.
De este modo, cuando el dios de las alas crueles
vuelva otra vez a herirme con repentina flecha,
que mi lira no cante sino a amor generoso.

No quisiera seguir siempre clamando
al desapego celestial de Júpiter.

[Propercio se despide de Cintia]

AHORA que el azar inconstante me ha enviado
el poder enojoso de sus tristes exequias,
sus espadas silentes y terribles,
estas letras, querido Cayo amigo,
te envío con mis lágrimas.
Dile que no por el ingrato exilio
que a traición me abatió, tienen llanto mis ojos,
sino por los desaires que obtuvieron
de los suyos al partir. Si ella muestra su rostro,
observa si suspira piadosa
al saber del dolor que me desgarra
y nárrame, prolijo, sus desvelos.
Así, conocedor de su inquietud,
recluido en el templo de mi pena,
bajo el sol del invierno, contemplando el camino
por donde va mi vida al declinar los pozos
cansados de la tarde, reforzaré mi ánimo
ante el destino injusto, y puesto que decide
y dispone de mí sin mi consejo,
intentaré sobrellevar la sombra
de un amor esquivo y una gloria imposible.

                [Un orador público romano camina hacia el destierro]

UN pausado declive. Los ojos envejecen
en la morada de los tibios
y los pasos descienden hasta el río
milenario que nos anegará.
Ociosos sobre el barro, observamos
la pérdida de nuestra edad de oro,
de nuestras abadías y de nuestro respeto.
Una vez más, hastiados de las leyes,
codiciosos y mansos, abrimos las ventanas
o salimos hasta el borde del monte
con voluntad de siervos. Al fin llegan los bárbaros.
Nos sentimos felices al ver sus oriflamas,
al oír sus timbales. Ya están aquí, ya hunden
sus aceros en la carne trivial, en las blandas
voluntades, en las húmedas luces
de nuestras avenidas. Y en el espectáculo
de su negro oleaje acudirán las horas
de solitarios pasos, y las flores holladas
no mostrarán su pompa y lozanía.
Nadie podrá trenzar sobre la hierba
ramilletes, coronas de sagrada luz; nadie
podrá alcanzar las lámparas de oro,
el estandarte de la antigua noche.
Con las alas rendidas, la historia se repite,
reescrita por la mano de cómplices oscuros.

Y una vez más, impune —entre el fango
y la breña— quedará la traición.

[El mundo declina]
(Recordando a Kavafis)

II. PAPELES ROMÁNTICOS EN UN BURÓ

*Flanqueado siempre por la hostilidad y la ausencia,
sentía detrás de mí los muros de la noche rápida,
sus tinieblas, la negativa de su silencio.*

JUAN CARLOS ONETTI. *Versus*

TODO, todo es arcano: creación
y destino, orígenes y exequias…
Ignoras ese impulso que conmina
a estar en estos surcos, entre esta vieja furia
de rostros uniformes. No sabes sonreír
a esos misterios que ves como un peligro grave
que no comprendes. ¿Por qué junto al enjambre
forjamos paraísos? ¿Por qué este desaliento
que nos brotó en el alma sin nuestra voluntad?
Queremos poner casa con nuestros semejantes,
como nosotros míseros, pero ni rey ni Roque
al fin han de ayudarnos. Sufren los infelices,
los maltrechos, alrededor se mueve el pulso
gozoso de la vida, todo anhela vivir…
¿Quién precisaba, entonces, que vinieran al mundo
para llevar una existencia inválida?
Nada conoceremos al franquear la puerta
de la muerte. En tanto, ¿a quién ha de culparse
por esta penitencia de la que no se obtienen
razones ni ganancias?

ME encontraréis en los nocturnos fuegos
donde arden los jirones del hombre,
en la elegía vana de una historia que vierte
crónicas y sepulcros, indecisas
sombras, voces que en el cieno golpean
las torpes pretensiones de infinito...
Me hallaréis en lo chusco de sus preces,
en su duplicidad y sus mentiras,
en el saqueo de sus falsos ídolos y emblemas...
Esa quebrada bóveda por donde cae la lluvia,
ese primate de ausencia y desnudez,
acaricia vivir en la cabeza de su prójimo
una existencia imaginaria, y eso
le lleva al disimulo. Yo pretendo
burlar esa *virtud*, esa máscara fatua
que me atedia; clamar, desde el exilio,
por una luz distinta que difunda
una naciente concepción del hombre.

[Byron]

REINO de la desesperanza, donde
la luz no brilla; mundo amargo y triste,
sin música ni gozo, sin cobijo
de sueño; caos de sombras lentas, aulladoras,
que en la penumbra trepa y con aguda cólera
destruye al mudo día y a la noche muda.
Reino de Prometeo: un exilio
de corazones rotos por la malevolencia
de los siervos, súbditos que utilizan
urdimbres y cadenas, sucias manos
que protegen lo turbio y a sus víctimas
arrojan al estrépito del odio.
No, no consuela contemplar el paso
del cadáver, de esos ojos con tizne,
aún carroña, que seguirán, perennes,
su marcha de escorpión, redivivos,
sustentados con el pesar ajeno.

(Lerici, Costa de La Spezia, 1822)

EN sitio alguno existe lo que aprecio.
Tan sólo veo sombras, y una odiosa
fatiga enciende el pecho desdichado.
Nada es mío, sino la pesadumbre.
En torpe soledad, sin el vigor
que corresponde a mis jóvenes años,
ruego a los vanos dioses por mi muerte,
pues la ilusión me esquiva, y la belleza
dolor es para el alma. Resentido,
contemplo las estrellas rutilantes,
las vírgenes remotas. A mis ojos,
lo admirable es amargo, y en ellos se reflejan
enturbiados senderos, inauditos
propósitos que consumen mi vida.
Sólo auguro las aguas de Caronte,
llegar a la laguna subterránea...
que en sus ondas mis labios depositen
un beso eterno y flébil.

[Shelley]

(Arte del buen vivir, 1848)

LEJOS de los ruines sucesos o del apego
de los hombres, buscas los breves labios
de la diosa, sabiendo que su rostro
guarda un alma inconstante, que ni honor o fortuna
—aunque traigan colmados sus graneros—
han de hacerte abjurar de tus principios:
independencia y ocio, entre versos y música,
junto a unos ojos fieles y a unos sueños
que, por gracia del mudable destino,
felizmente apenas se consuman.

A SOLAS, cuando dudas y temores
agitan vanidades y codicias,
qué imprudentes afanes ofrecemos
al fortuito futuro, qué desdén
al vigoroso instante que transcurre
con desairados paraísos. Sólo
cuando los días malos llegan,
nos hiere la nostalgia de los que ya murieron,
aquellos a los que no supimos descubrir
su gracia. Desnudos de insensatas ambiciones,
tornemos el presente fugaz en suave goce
y dejemos fluir a la existencia
ocupando nuestro deseo en nada.

[Schopenhauer]

(Amanecer en la Catedral de Burgos, 1852)

LEVE como la hiedra que escala los alcázares,
la intensa catedral, tibia de luz filtrada,
tiene en sus viejas piedras el latido de oro
del terso leopardo. Yace en su transparencia
y en su tropel de signos, fulminante y solemne
cabalga en el relámpago; es corona que ciñe
la memoria e invoca el pulso oscuro
de sus grises flotantes, altos en la tormenta,
y entre los alborozos del tiempo cae insomne
en el dulce reposo que los dioses le ofrecen.

[Bonifacio Ochoa y Tassara]

(La cólera secreta)

SOPORTAS la dureza de esos dioses severos
que se obstinan en negarte el perdón
por tus sueños de alcanzar las alturas.
Con su máscara hosca, esas divinidades
se yerguen sobre el abismo y tu inquietud. Viento
que crece entre las tumbas, furia que sobrevuela
el odio. Confinado, diferente e impuro,
preguntas al vacío por la sombra
que te aleja de la muchedumbre
y te enfrenta al rencor de sus miradas.

(En la cruz)

UN hombre descontento de sí mismo
y de su prójimo, viajero receloso
del falso beso de la felicidad
que alza su rostro y mira grises nubes
cambiantes y, entre ellas, una lengua
de luz que le señala la locura.
Un hombre descontento que escucha vagas voces:
«¡Razón! ¡Virtud! ¡Justicia! …» ¿Quién, quién habla
así? ¿Quién sobre el cieno grita? ¿Qué tinieblas?
¿No es en la cruz donde la muchedumbre
clava y humilla al hombre que los ama?

(La hora del ocaso)

AUNQUE el fin se aproxima y estoy solo,
no quiero regresar al lado de los hombres.
Un ágil tigre rojo sobre las aves salta
y detiene su vuelo. Buscas al hombre sabio
que al fin diga tu nombre y enseñe a conocerte.
Pero nadie te cuenta cosas nuevas.
Bien y mal. Virtud y vanidad.
Todo es un sueño torpe narrado por oscuro
resplandor de bocas torpes. Es todo
pequeñez y presunción, ánimos miserables
que se jactan envueltos en un deseo estéril.
Ya los hombres futuros vienen de las estrellas
en viaje hacia la nueva aurora. No permitas
que la desobediencia te abandone;
y si al llegar a la frontera los sombríos
enanos siguen rigiendo el mundo, no renuncies
a tu meta en la cumbre, halla las noches nuevas
desde el borde del yermo y no olvides
la incurable tristeza de tu alma.

ESTOY bajo la fuerza de extrañas voluntades;
con obstinado hastío me consagro
a su culto silente y me arrastro
a lo largo del límite, sumido
en inútil angustia. Vanas formas
desfilan por infiernos de ignorancia y maldad,
ojos hostiles que cultivan odios,
ávidas desventuras. Hunden en mí los dioses
su secreto. Respiro un ultramundo
de cansancio; quiero alcanzar jardines
de pájaros ajenos, el rumor de la lira,
pero hallo manos hacia la envidia,
osamentas y lodo, y acecho el cielo oscuro
mientras ruego que llegue aquella luz profunda,
esa hora con alas murmurantes
en que el viento de nadie borre el atroz destino.

[Nietzsche–Zaratustra]

(Apunte sobre el superhombre. Sils–María, 1881)

LOS anónimos dioses permitieron
que esa raza insolente germinara.
Tembló la tierra bajo el peso infame
de sus detonaciones. Súbitos como el rayo,
sin sentido de culpa, siempre justificados
por las divinidades, erigieron
su vital fantasía al nivel de la zarpa.
Ojos de bronce que tan sólo distinguen
sombras destinadas al golpe,
al desahogo de su poder terrible.
Animales de presa que no sufren
de la mala conciencia y que al ritmo
brutal del martillazo, con su fuerza,
a la humildad arrojaron del mundo.

[Nietzsche versus Spinoza]

ENTRE las luces grises de la tarde
divisó la apartada silueta
del monasterio.
El olor invernizo de la lluvia
envolvía los yermos. Raros pájaros
rasgaban el aire frío, un ámbito
que le traía a la memoria
el hosco aliento de sus profesores
y de sus compañeros; sombras
de ayunos y mortificaciones,
la imagen tenebrosa del infierno,
las lentas oraciones, el distintivo olor
de los largos pasillos, el murmullo
de las luces de gas, insinuantes juegos
confusamente eróticos... Dura piedra
de un pasado sombrío, la fatiga
de unos rictus crueles y la náusea
del eterno castigo entre seres bestiales.

(Dublín, 1898)

EN la penumbra, de rodillas
sobre el larguero estrecho y desgastado
de la capilla lateral, trémulo por sus turbias
culpas, musitaba oraciones.
Gimiente, envuelto en el silencio enrarecido
y húmedo, veía la oscilante, lenta luz
de los cirios y a los escasos fieles
que rogaban elevando sus manos
ante el altar desnudo. Por la nave,
el incienso esparcía su violento aroma.

SENTÍA que la vida, en torno suyo,
le regalaba indiferencia, vulgaridad
común. Un lánguido silencio que nacía
de su espíritu inquieto, de los inesperados
caminos que ante él se iniciaban.
También y, sobre todo, el rostro de ella,
su frágil palidez y su florecimiento.
Pero ¿a quién ofrecer su alma indecisa
y desnuda, su temor a lo desconocido,
a los misterios de ese mundo que fluía
en silencio? Este gozo sereno
lo llevaba hasta el brillo del mar, ante su frío
olor y, allí, ocioso, seguía el agitado
movimiento de las olas, los exaltados giros
de aquellos nimios pájaros. Dulces
instantes, presentimientos hondos,
la deseable palidez de las muchachas...
Y luego la ciudad sombría, vagabundos
por calles en penumbra, suplicando
a los bovinos dioses, reyes indolentes
en extrañas cavernas, circundados
por el bullicio mísero, por la fúnebre pompa
de la luz.

Volver bajo la lluvia, seguir entre las grises
masas friolentas, entre el olor a vejez,
a cuevas húmedas. Sueño de luz caliente,
de una forma que cruza la ciudad:
luz de ella. Esplendor sobre el cieno.
Pero persiste el cielo gris y frío,
torpe humor amargo, pereza espiritual.
Gusta en secreto su aroma corrompido. Quiere
son de laúd, una fría, lúcida indiferencia
que es puerta del desastre.
Crepúsculo espectral cae sobre el río.
Hay asuntos que duelen. Dejan poso
amargo, conflictos para el alma: la conciencia
patriótica de Irlanda, la falsa religión
católica, el amor con su pie silente…
¿Cómo podría él, tan insignificante,
conmover el vulgar egoísmo
de los secos patricios irlandeses?
Y, sobre todo, ¿cómo lograr que los distantes
ojos, la dulce y tibia carne joven
fueran suyos?
En el destierro de la primavera
el amor y la vida le ofrecían sus lágrimas.
Se encontraba pequeño y miserable,
dueño de una razón y unos impulsos
que agitaban su alma. Era tiempo

de partir. Alejarse de allí como un proscrito,
como un oscuro hereje, y tratar
de descubrir otros caminos
donde el cansado corazón pudiera
revelar su sustancia en libertad.

SON dulces los secretos y, entre ellos,
el secreto de amor es el más dulce.
Por la ventana abierta se percibe
un sonido de lluvia caer sobre la tierra.
Penetran, en el salón, las sombras, la fragancia
de la sagrada noche de verano.
Débil luz de quinqué. Del cercano jardín,
acerca el suave viento los rumores
de ramas agitadas. Dos voces vehementes
musitan, se nombran y se embriagan con la torpe
pasión y sus locos impulsos. Libres
de la vulgar rutina y ceñidos
por húmedo calor, dos cuerpos solos
resbalan abrazados con leve violencia.
Un ímpetu inocente los enciende en su lucha,
en su dulce refriega contra el rayo
del instante huidizo. Ellos, con los dones
de juventud y de belleza,
ignoran a propósito las inútiles leyes
y se aíslan, cautivos de una rosa,
hasta que el rígido destino mude
el presente feliz en engañoso sueño.

DE nuevo los sombríos jardines y las casas
sombrías, las hierbas invasoras. Inmundicias
y fango por el lento canal. Sobre las losas
grises, gruesas gotas de lluvia. Un aire frío
por las altas verjas. El desfile de los turbios
borrachos: abotargados rostros, ojos
de perdida mirada. Un cuartucho
de hotel, mugriento y sórdido, tamizado
por la luz mortecina. Las calles desiertas
en el anochecer, los anuncios vulgares
y económicos, iglesias y devotas,
mugrientos bultos de ladrillo pardo.
De nuevo los recuerdos perturbando
el orden despreciable de su vida..

[James Joyce]

A TRAVÉS de la ventana contemplo
la neblina que borra resplandores
y volúmenes. Sé, por el color
de la tarde, que hace un frío inclemente.
Desde dentro, en el cálido salón oscuro,
no existen otros cuerpos, otras almas
o espacios salvo los de mi mundo. Dioses lóbregos
habitan territorios arcanos y distantes.

Encogido, como un gato contuso
de soledad, me adormezco en el tibio
sofá desvencijado.

[Jean Baptiste D'Orcasberro]

I

AQUEL cuerpo que amaste, primavera
sobre tu piel cansada, es sólo confidencia
ante el espejo. No hubo rosas entonces,
y lo que ya es otoño, enturbia más tu noche
y tu memoria. Espectro en la distancia, nave
desarbolada por la dura
galerna de la vida, todo es ahora gris
vestigio, un agua indiferente
que pasa... y no regresa.

II

OBSERVA cómo se abre la flor en la mañana,
adolescente vida que no poseerás.
Tienes su aroma hendido, un mundo dulce y nuevo
que en tus ojos se mira.
Un abismo os separa, y aunque os tendáis la mano
que el deseo ha impulsado, nunca los dedos trémulos
llegarán a rozarse. Predestinadas fuerzas
dilatarán la sima, y así, de vuestro fuego,
una y otro en orillas distantes, sola y muda
quedará la mirada. Un anhelo ilusorio
que al fin será ceniza, gris despojo... Poeta
del fracaso, pobre menesteroso.

[A. John Lawrence]

EL azaroso tiempo, ese enigma insondable
que transcurre impasible, como el agua,
y como el agua acerca a nuestra orilla
burlas, recuerdos, pasiones, desencantos...
hasta tus labios ha llevado, inesperadamente,
con inquietante desafío,
suspiros de otro mundo de carne.
No puedes nada contra ese ser confuso
que su temblor te cede, penosa herida intensa,
lacerante, presentido jadeo
en el oscuro cuarto de soledad soñada,
dispuesto todo para que en la penumbra
palpitantes dos cuerpos dulcemente se abracen.
El tiempo, distinto cada día,
qué te traerá mañana, con qué vistoso velo
tratará de turbarte, indeseable y pícaro,
a ti que eres mendigo, agonizante mota
de polvo que ahora tiene más dudas, porque tiene
unos ojos llegados del misterio
y no puede evitar que le conmuevan.
¡Qué triste todo cuando no se goza!

[Pascal Dufaux]

ENVUELTO en la torpeza, que el desastre
ha trenzado, meditando en mi cueva
apartada, a donde me arrojaron
lentas fieras de cabeza acechante,
contemplo el oro sobrio del otoño
y el transcurso solemne de las horas.
Sé que escribo una aventura triste,
mas mi queja no pide compasión ni pide
ayuda. Puedo seguir yo solo, bregando
con las olas del infortunio, impelido
por la fe recibida de los nobles linajes
ý con ella, sin apartarme del camino,
he de impedir la ruina de las cosas
que el corazón desea, las creencias
con las que el alma crece y por las que combato.

[Bora Videjovic]

(Solo de luna, 1978)

SI en todo lo que alienta busco un fuego
de misterio, ¿cómo no en la mujer?
¿Cómo no junto a párpados que tiemblan, senos
de páginas redondas y sutiles que descansan
sobre furtivos vientres; junto a las diosas blancas
que protegen los arcanos ensueños
de esas horas hermosas o terribles
que golpean el alma como el viento a las dunas.
¿Cómo no junto a labios que te excavan y ahondan,
cuerpos rendidos al placer, dulces leyendas
narradas en la medianoche; mitos
de eternidad que habitan los fulgentes
alcázares del amor desolado?

[R. de Jonk]

COMO los astros por el firmamento,
las inquietantes jóvenes transcurren
por tu lado con su carne exquisita...
Igual que bellas diosas, jaspe lívido,
un corazón ocultan de diamante
en su cuerpo desnudo. Lobo huraño,
eres una insaciable piel que acoge
la fría luz de luna por los quietos
estanques de la noche. Solitario,
sumes en la penumbra de tu alma
ángeles atezados, perversiones
y serpientes secretas. Y te ofreces al fuego
donde el tigre se agita, vigilando
los ciegos manantiales de la carne,
para calmar su sed de tiempo y muerte,
su afán de posesión mediante el sacrificio
de las estrellas jóvenes.

[Fernando de Saraiva]

VELO a mi solitario corazón
mientras mira las cosas con melancolía.
Cautivo está de amor, arcilla en llamas,
moribundo de dudas y temores
y tristezas; y sueña con baladas
que nunca escribirá, con regiones
donde reina la calma. Lo cobijo
cuando cruza colinas cenicientas,
cielos hoscos; cuando habita en frías
ciudades sin estrellas; cuando acerca sus pasos
hasta vuestros dominios y traspasa
el umbral de las sombras, los recintos
de muerte donde sois los monarcas.
Yo lo sé vigilado por ojos minerales,
por los lentos faroles de guardianes de piedra
que descansan entre los panteones
de los que un día fueron fugitivos,
los sedientos de ausencia que respiran silencio.
Mas las gotas de lluvia inesperadas,
la fragancia que golpea mi rostro,
se afanan por volverme a la realidad.
En mis cabellos siento la tormenta,
y tan inquieto como los breves corazones
de los pájaros, mi corazón en sangre

renace contra el alba cuando los otros mueren.
Nunca estuve tan viva como ahora,
regalándome con todo lo que día a día
crece, aquello que la vida otorga
y alumbra al resurgido corazón.

[Ana Isabel Lalybella]

ÍNDICE

I. El agua bajo las estrellas

[Ab initio]   13

[Rito]   14

[La sabiduría del egipcio Kahundetep]   15

[En el templo de Enlil]   16

[Adveración de un mago egipcio, 2000 a.C.]   17

[Los siete contra Tebas]   18

[Ensubur y Nina, Súmer]   19

[Después de la invasión de los hicsos]   20

[Palacio real de Tebas]   21

[Polimnéstor arroja al mar el cadáver de Polidoro]   22

[Caballo de Troya]   23

[Dido, tras la huida de Eneas]   24

[A la luz de los candiles]   25

[Psametik, sacerdote egipcio, s. XII a.C.]   26

[Un dignatario argivo se lamenta durante la invasión dórica]   27

[s. IX a.C.]   28

[Partida de caza de Salmanasar III]   30

[Melanipo, exorcista griego, relata a Hesíodo su visión de las sombras] 31

[La predicción de los profetas]   32

[Correo de Idantirso, rey de los escitas]   33

[Roma tras la muerte de César: marzo del 44 a.C.]   34

[Propercio se despide de Cintia]   37

[Un orador público romano camina hacia el destierro]   38

[El mundo declina] (Recordando a Kavafis)   40

II. Papeles románticos en un buró

Byron

Caín, 1816   45

Manfred, 1818   46

Shelley

Prometeo, 1820   47

Lerici, Costa de La Spezia, 1822   48

Schopenhauer.

Arte del buen vivir, 1848   49

«A solas, cuando dudas y temores»   50

Bonifacio Ochoa y Tassara.

Amanecer en la Catedral de Burgos, 1852   51

Nietzsche-Zaratustra

La cólera secreta   52

En la cruz   53

La hora del ocaso   54

Viento de nadie   55

Nietzsche versus Spinoza

   Apunte sobre el superhombre. Sils–María, 1881   56

James Joyce

   Clongowes Wood, 1893   57
   Dublín, 1898   58
   Dublín, 1902   59
   Dublín, 1914   62
   Ulises/Sr. Bloom   63

Jean Baptiste D'Orcasberro

   Al cumplir veinte años, 1923   64

A. John Lawrence

   Evocaciones de Bristol, 1935   65

Pascal Dufaux

   Cartas desde el lago Lemán, 1953   67

Bora Videjovic

   Mar negro, 1966   68

R. de Jonk

   Solo de luna, 1978   69

Fernando de Saraiva

   Las estrellas y el dragón, 1980   70

Ana Isabel Lalybella

   Al final del camino, 1997   71